/^^*
비는 초록^을 두드리며 /

\#

일흔여덟 편의 시와 서른네 편의 에세이

/^^*

비는 초록을 두드리며, 또 다른 색들을 만들고 있습니다. 얻어맞은 놈은 풀잎이지만, 울리는 것은 초록의 심장입니다.

서 향 / **박 병 용**

|*

어느 날 나는, 오랜 기억 속의 '리트머스 시험지'를 떠올렸다. 어린아이의 말과 행동을 바라보며, 숨김없는 투명성에 스며들고 싶었나보다.

'리트머스'......

종이 위에 비친 나의 까마득한 날들과 그 빛깔을 마주하고 싶었다.

/<*
때로는, 모호함이 미덕이며 친절이 불편함인 줄, 얼마나 쓰고 지워야 알까? 귀보다 빠른 눈을 자랑인 줄 알았더니, 쓰는 자의 편안함이 읽는 자의 불편이 아니길……
귀로 쓰는 글이 무엇인지 알기까지, 또 얼마나 쓰고 지워야 할까?

1 부 / 초록의 심장

돌이 된다는 것 /

산 아래 사는 'K 씨'는 "새들은 사람을 바위로 안다"고, 언젠가 나에게 말해 주었지요.
'그대가 편하다면 더러는 돌이 되어도 좋겠다'고, 가까이 날아든 작은 새를 바라보며, 생각해 보았습니다.

사실 나는, 새들만 보면 휘파람을 부는 버릇이 있거든요.

겨울비 /

길이 보인다. 나를 떠나지 못한 그 길들이 나를 돌아보고 있다. 지나간 시간들이 어디선가 수군거리고 있다.

'어둠은 빛의 그림자일 뿐'이라고...... 아, 그 常識의 말들을 이젠 듣지 말아야겠다. 사진처럼 싹둑, 보고 싶은 것만 보아야겠다.

먼 산 /

구름과 안개는, 잡다한 것들을 가렸습니다. 그리움은 언제나 아픔을 품고 있었지요. 먼 산은 그리움의 다른 이름일까요?
먼 산을 바라본다는 것은, 현실의 무게를 잊고 싶다는 의미이기도 하지요. '먼 산이 아름답다'는 말은 책임이 없다는 말이기도 합니다.

오늘은 쑥부쟁이를 보러 가야겠습니다. 칡이나 가시넝쿨 사잇길을 헤매기도 할 테죠? 내가 좋아하는 '미국쑥부쟁이'도 늘 거기 있었어요. 가시와 부드러움 사이……

꽃^의 속내 /

'분꽃'에서 '분내음'이 나기를 바라는 사람들 앞에서……
'분꽃나무' 꽃 한 송이 따다 들고서 "그 꽃에서 화근내가 난다고요!" 소리치고 싶었다. 어느 봄날 그 꽃에서 '탄내'를 맡은 이후, 꽃의 타는 속을 보려고 했다.

독특한 내음의 속 사정은 무엇인지, 꽃의 속내를 들으려 했다. 저마다 다른, 후각의 근원은 무엇인지?

#
분꽃나무 / 산기슭 양지에서 2m 정도로 자라는 인동과의 낙엽 관목으로 꽃은 4~5월에 잎과 동시에 연한 자줏빛으로 피며, 묘한 향기가 있다.

춘 분 /

"무궁화 꽃이 피었습니다, 무궁화 꽃이 피었습니다."

놀이를 따라 하던 어눌한 어린아이는, "누구나 꽃이 피었습니다, 누구나 꽃이 피었습니다."라고 더듬거리며, 눈을 감고 있습니다.

그 모습을 전해주던 'B 씨'는, 오늘은 나와 마주 앉아 나의 시 '몹시...'라는 표현을 두고, 생뚱맞게 "몹시 꽃이 피었습니다."라는 말을 합니다.

아~,
뒷산 언덕 진달래 피어나는 산자락에, '몹시라는 꽃'이 피었습니다. 몹시, 꽃이 피었습니다!

#
나의 글벗 배종석 선생님의 시 '누구나 꽃이 피었습니다' 중에서...

쉬운 말 /

흔히 쓰는 말이 그리 쉬운 말이 아닌 듯하네. '그리워하다'라는 말이, '사랑하여 몹시 보고 싶어 하다'라는 말이라니!
'사랑하다'라는 말이 그리 쉬운 말이 아닌 듯하네. '몹시 아끼고 귀중히 여기다'라는, 그 '몹시'라는 말 때문에......
'몹시라는 말이 심하다'라는 말이며, '정도가 지나치다'라는 말이라니, 그리워하지 말아야겠네!

그 '몹시'라는 말 때문에, 사랑이 더러는 돌이킬 수가 없네.

관 계 /

나뭇가지에 새가 앉았다는 것은, 그냥 나무가 아니라는 말이다. 나뭇가지에 두 마리의 새가 앉았다는 것은, 무슨 이야기가 있다는 말이다.
삶이란, 이야기이며 나무와 새들의 관계, 새와 새의 관계가 삶이기도 하다.

함께한다는, 그 의미에 대하여......

겨울 산책 /

새 한 마리, 바람 소리로 날아와 안개 적시며 울다 가더니,
오늘은 검은 바위에 앉아, 마른 이끼들을 주둥이로 토닥거리다가, 푸시시 제 몸을 흔들어보더니, 깃털 하나 떨구고 날아간다.

깊은 숲에서 또 봄이 올까, 새 한 마리 반짝이며 날아올까? 내 영혼의, 어두운 골짜기에도······

영혼의 계절 /

'오목눈이'가 햇살 반짝이는 수풀 사이를 바람처럼 몰려다닐 때, 먼 하늘을 바라보던 그대 눈빛을 떠올립니다.

마지막 가을비가 창을 두드리면 빛나던 계절은 홀연히 사라지고, 지워놓아야 보이는 것들이 있다고 내 아픔만큼 파란 하늘이 다가와, 무어라 소곤거리고 있습니다.

작은 새 /

대륙을 오가던 그들만의 이야기, 작은 철새의 지저귀는 소리를 듣는 일은, 우주의 신비에 귀 기울이는 일이기도 하다. 해 질 녘, 인적 없는 언덕에는 새소리 요란한데…… 오늘은 어찌, 먼 나라 소녀 '그레타 툰베리'가 생각날까?

새 한 마리의 조잘거림을 들을 수 없다는 것은 대륙을 오가던, 그 신비의 비행이 멈추었다는 것이다.

#
그레타 툰베리 / 2003년 스웨덴 출생 환경운동가, 15세에 기후 변화의 심각성을 인식하여, 환경운동을 시작하다. 2019년 기후에 관한 유엔 연설로 유명해졌으며, 타임지에 '올해의 인물'로 선정되기도...

이 봄^을 /

반짝이는 '연두'나, 물에 잠긴 '올리브그린'이나, 이 눈물겨운 봄을 이길 수가 없다, 등을 돌릴 수도 없다. 어찌할 수 없어 눈을 감아본다! 옛 시인은, '봄은 고양이'라고 하더니……
나는 이 봄을 이기지 못해, 눈부신 햇살에 지그시 눈을 감는다. 낡은 뜨락에 고양이처럼!

엊그제는 오월을 두고 꽃이 지더니, 오늘은 꽃을 두고 오월이 간다. 지워지지 않는 것이 아픔이라면, '꽃이 아름답다'는 것은 지워지기 때문일까?

비와 초록 /

비는 초록을 두드리며, 또 다른 색들을 만들고 있습니다. 얻어맞은 놈은 풀잎이지만, 울리는 것은 초록의 심장입니다. 그래요! 사물의 중심이 되는 그곳이 흔들리고 있습니다.

녹색이 '카키'나 '올리브 그린'으로 바뀔 때, 서러움이나 쓸쓸함이 되기도 합니다. 사치스러운 감정이기도 하지요. 하지만 나는 '카키색'을 좋아합니다. 축제가 끝난 텅 빈 광장이나, 된서리 내린 뒤 11월의 언덕길을 걷는다는 것은, 거기에 그러한 색들이 흩어져 바스락거리기 때문이랍니다.

마음은 '감정의 공간'이라 하지요. 소나기가 나뭇잎을 두드릴 때, 울리는 것은 우리들의 '마음'인가요? 나뭇잎이 매를 맞을 때, '감정의 공간'이 떨고 있습니다.

오목눈이^/

작아서 예쁜 새들을 봅니다. 휘파람 소리에도 몸을 감추는, 소심한 그들을 나는 봅니다.
작아서 얄미운 새들의 몸짓을 봅니다. 버드나무 끝자락을 흔들고 있네요, 졸고 있는 봄을 간질이고 있네요.
작아서 자유로운 새들의 몸짓을 봅니다. 가시나무 풀숲을 바람처럼 드나드는, 거침없는 그들이 부럽습니다.

저녁 산책 /

찔레 울타리를 기웃거리던 바람은, 종달새 숨어 살던 유년의 언덕에서 불어와…… 그 바람은, 어느 오월의 보리밭을 지나, 초저녁 별만큼이나 아스라한 그리움을 말하고 있네요.

이 저녁 별빛으로 떨어진 애처로운 감꽃은, 먼 길을 돌아온 잊힌 그리움이었어요. 까마득한 날, 감꽃을 좋아하던 시절이 있었죠.

눈빛으로 /

'코로나'는 우리에게 눈빛으로 말하라 한다. 분노 말고 우격다짐 말고, 조용한 눈빛으로……
나는 요즈음, 마스크 너머의 눈빛이 아름다운 사람들을 보고 있다.
더러는, 애처롭고 서러운 눈빛이다!

우리들의 언어가 언제나, 맑고 따뜻한 눈빛이기를 꿈꾸고 있다.

탈피 /

이 시련의 시간 속에서, 인간은 무엇으로 거듭날 것인가? '사회적 거리'의 낯선 길을 혼자 걸으며, 언제였을까, 지친 몰골로 땅속을 기어들 때, 숨 막히는 세월을 그들은 알았을까? 저벅저벅 소나기 오던 날도 탈피의 행위는 이어지고, 어디든 오르는 일이 살아남는 일이라고 깊은 밤 발끝에 힘을 주더니, 온몸을 떨며 탈피를 한다. 스스로 찾아든 은둔생활은, 매미들의 '종교적 결단'이었을까?

인간은, 온몸을 떨며 무엇으로 살 것인가!

코로나^와 봄비 /

비에 젖은 꽃잎을 두고, 사람들이 저만치 걸어갑니다.
사랑하지 않는 것도 죄인 줄 알지만, 품을 수 없는 봄인가 봅니다.
무표정한 사람들이 지나간 뒤로, 산수유 꽃망울도 글썽입니다.

直立 步行 /

저만치, 사람들이 걸어가고 있다. 서 있는 본질 앞에, 실존이 걸어가고 있다. '알베르토 자코메티'의 철학이, 걸어가고 있다. "무언가 새로운 것이 또다시 시작될 것이다. 당신과 나 그리고 우리는 계속 걸어야 한다."

인간의 '직립 보행'은 창의와 희망이며, 걸어간다는 것은 부질없음을 극복하는 일이기도 하다.

\#
알베르토 자코메티 / 1901년 스위스 출생의 조각가, 화가. 고뇌의 이미지를 담은 그의 조각상은 실존주의 문학과 비교되기도...
\#
'코로나'로 인해 '자코메티'의 조각 '걸어가는 사람'은 더욱 철학적으로 다가오다.

산길에서 /

산길에서 어린아이는 "산이 어디 있어?"라고 내게 물었다.
투박한 신발, 서걱거리는 낙엽 소리에, 나는 "빛바랜 갈색이야, 카키색이야!"라고, 딴 소리를 했다. 어쩌면 서러운 색인 것을, 나는 그렇게 말하지는 않았다. 낙엽 사이로 어린아이는 딱정벌레를 보고 있다. 빈 가지 사이로, 11월의 하늘은 멀고도 깊다.
산에는 산이 없다! 서걱거리는 '낙엽'이다, '딱정벌레'다. 아직도 아이는 종알거리고 있다. "산은 어디야..."라고.
산에서 산을 찾는 일은, 우리들의 일상인지도 모른다. 마치, 투정 부리는 어린아이처럼......

또 다른 길 /

길을 걷는다. 질문과 반문을 거듭하던 유년의 골목길을 아스라이 떠나와, 질문 없는 무심한 길을 나는 걷는다.
지뚱거리며 걸어가는 어린아이의 불안한 발걸음과, 하잘 것없는 미물에도 종알거리며, 가던 길을 멈추는 아이의 모습은 언제나 사랑스럽다.

먼 길을 돌아서, 나는 오늘도 대답 없는 이 길을 혼자 걷는다.

그 바다를 1 /

바다는 나에게, 비밀스러운 파도의 리듬을 가르쳐 주지 않았다. 수없이 반복되는 일상임에도, 나는 그 패턴을 알아낼 수가 없다.
파도는 한없이 부드러운 듯, 한편으로는 엄격한 자기 방식을 지키고 있었다. 마치, 속내를 감추고 있는 여인처럼……
물때에 익숙한, 어부들은 알까? 태초부터 이어온 알 수 없는 교향곡! 어쩌면, 마법 같은 호기심과 그 두려움으로, 사람들은 바다를 잊지 못하나 보다.

그 바다를 2 /

언제나 수평을 이루는 바다의 의지는 단호하다. 온갖 풍파를 다스리며 수평선을 유지하는 그 자태는, 젊은 날 내 아버지의 모습이다.

아! 사랑은 마냥 자유로운 게 아닌가 보다. 파도 같은 사랑은 부서지고 흩어져도, 되돌아오는 수평선인 것을, 때로는 파도보다 두려운 고요함인 것을 바다는 알고 있었다.

그 술렁이는 바다를 우리는 그리워하고 있다.

그 바다를 3 /

파도는 수천 년을 그렇게 '천리포'를 만들어 놓고, 수 만 년을 반복하며 '만리포'를 만들었습니다. 서해에서 나는 끝이 없는 모래밭을 걸으며, 그 파도의 세월 앞에 나의 지난 세월을 말할 수가 없었습니다. 인생의 서러운 넋두리를 도무지 꺼낼 수가 없었습니다.

파도가 만든 그 넓은 평면 위에, 나는 아무것도 그릴 수가 없었습니다.

어느 바다 /

잔잔한 바람에 반짝이는 물결은, 천진스러운 어린아이 웃음이다.
'사르륵 사르륵' 발바닥을 간질이는 모래밭의 따스함......
찰싹거리는 파도 소리에 잊고 있던 유년이, 깔깔대며 달려오고 있다! 오랜 추억이, 물빛에 아른거리고 있었다.

깊어진다는 것은 외로움에 맞서는 일이니, 바다의 깊은 속을 오늘은 모르고 싶다.

그 나무는 1 /

'침묵'으로 아는 그 나무는, 보이지 않아도 햇살의 따스함을, 바람의 의미를 그 잎새의 떨림으로 안다. 보는 자의 우둔함보다 듣는 자의 미련함보다, 더 확실한 감각으로......
그것은 '고요'이며 '침묵'이다. 세상의 소란함이 눈이 멀고 길을 잃을 때,

그 나무는 잎새의 작은 떨림으로도 안다.

그 나무는 2 /

가지마다 눈꽃 맺혀 반짝일 때, 그 몸 시린 줄 모르고 썩은 것들 뒤엉킨 갈등들 걷어내지 못하고, 한 세월 휘파람만 부는 너는 무엇이냐? 물소리 새소리 그 넋두리들 다 들어주고, 모여있어도 수다 떨 줄 모르는 너의 침묵은 도대체 무엇이냐?

바라보는 것 빛이더냐, 하늘이더냐! 어찌하여 나무라는 말이며, 我(나) 無(무) 이더냐.

매화나무 앞에서 /

가시 끝에 맺힌 매화꽃 봉오리를, 오늘 처음 보았습니다! 그들의 속 깊은 향기를 예전엔 깨닫지 못했습니다. 내 인생의 수많은 가시들도, 더러는 꽃으로 피어날까요?
매화나무 앞에서, 나는 지난날 나의 엄동설한을 잊으려 했습니다. 가시로도 꽃피우는 그 향기로, 코 끝이 아리었습니다.

먼 곳 / 내가 의지할 그 무엇

나의 사춘기는 나이가 아니었다. 자신에 대한 질문이었으며, 세상이 나를 알지 못할 때 먼 곳을 바라보는 일이었다. 낙엽은 나이처럼 쌓이고 나이만큼 생각이 깊어질 때, 먼 곳을 그리워하는 습관이기도 했다.

세심한 그대! 가을 안부를 물으셨나요? 거둘 것 없는 내 나이 위에 풍성한 가을은 없답니다. 그저 텅 빈 하늘을 보며 보다 깊어지든가, 할 수만 있다면 말과 행동이 맑은 하늘처럼 담백해지기를 기도하는 일이랍니다. '먼 곳'의 오랜 침묵 앞에 빌어볼 뿐이랍니다.

그리워한다는 말은 기도한다는 말이기도 하지요.

石榴 / 석류

그렇게, 돌이 되어야 하느냐. 생명을 품는 일이 그리도 단단하게 감싸는 일이더냐. 놀라워라! 너 품은 뜻이, 수많은 씨알을 끌어안고 속울음 붉게 감추는 일 이더냐!

하늘 깊은 시월이면 알리라, 그 눈물 반짝거림을... 어찌하여, 아름다움은 돌을 깨는 일이며 눈물이어야 하는지, 그날이 오면……

석류의 계절 /

아무 일 없었다고 고개를 저어봐도 자꾸만 붉어지는 얼굴, 너는 석류를 닮았다. 무심한 하늘에다 고백할 순 없다고 두 눈 꼭 감아도, 자꾸만 차오르는 너의 속내는 아무래도 석류를 닮았다.

내 속에서 무르익어 그 씨알 반짝일 때까지, 지난여름 설운 일들은 말할 수가 없다고 그 입술 꼭 다물고 있다.

석류의 꿈 /

어둠 속에서 하늘을 그리워한다는 것은, 햇살과 바람과 소나기를 기억하는 일이다. 지나간 것은 그리운 것이며, 꿈은 추억을 회복하는 일이기도 하다.

석류의 꿈은 햇살과 바람과 소나기를 기억하는 일이며, 과거에 대한 그리움이 미래에 대한 꿈이기도 한 것이다.

가을의 길목 /

가을의 길목에서, 오늘 살아있음에 대하여 눈물겨워하는지를, 스스로에게 물어본다. 먼 하늘을 보며, 지난여름의 의미를 다시 생각해 본다. 바람 한 점 없던 날이나 비바람 몰아치던 날이나, 모두가 피할 수 없는 인생인 것을, 어쩌면 지나온 날들은 모두가 여름인 것을.

언젠가는 비바람이 그리워질까? 아무 일도 일어나지 않은 날에는……

바람 불어와 /

냄새의 근원은, 기억 속에 있나 보다. 까마득한 그곳에서 바람 불어와. 내 기억 가장 구석진 곳에서 분 내음이 난다. 눈의 기억 보다, 소리의 기억보다, 더욱 깊숙한 그곳에서 되살아난다. 착한 누이 같은 사과꽃 앞에서……

바람결에 /

무슨 소곤거림 일까? 하늘거리며, 풀잎은 바람결을 거스르지 않았다. 바람에 마주 선 우리는 풀잎처럼 살아야겠다.
삶의 끊임없는 부대낌 앞에서, '풀잎 풀잎' 하며 풀잎의 태생을 배워야겠다.

파랗게, 부드럽게 풀잎이 되어야겠다.

바람의 일상 /

짓궂은 바람은 하늘빛도 지워놓고, 둑길을 반쯤 돌아 유리알을 뿌렸습니다. 당당한 '수크령'도 흔들어놓고요. 갈대 무리는 말할 것도 없습니다. 겁이 없는 '거위'도 꽥꽥거립니다.

바람은 또 다른 호수를 그렸습니다. 오늘도 보이지 않는, 바람의 일상입니다.

바람 부는 날 /

볼 수 없는 사람이 마음속에 들어와있다. 바람 부는 날!
쑥부쟁이일까, 구절초를 닮았을까? 바람의 속내는 알 수가 없다.
'투둑 투둑' 밤송이 떨어지는 날, 가시 손바닥 벌려 알밤 내미는 날, 지난날의 가시들이 생각나 내밀지 못하는 손, 구절초는 알았을까?

인적 없는 가을 산자락. 바람 불어 자꾸 뒤돌아보던 날!

장독 속에는 /

매 맞아 콩이 된 놈들은 밟혀서 엉기는 메주 덩어리, 그 장독 속에는 썩지 않는 바다가 있었다. 구름 속에서 빛이 되리라, 파도 속에서도 소금이 되리라! 뚜껑을 열면 해묵은 장들이 술렁인다.

가난이 정이 되어 끈적한 장 내음, 어두운 바다 같은 장독 속에는, 유년의 하늘과 어머니의 미소가 서려 있었다. 원시의 손바닥을 비벼 콩을 거두고, 바다를 길어 큰 독을 채워 놓고, 부질없는 허영과 비만을 절여내고, 가난으로 빚어낸 장맛이란다.

장독 속에는 반짝이는 하늘이 있었다, 썩지 않은 바다가 있었다.

시월이 가면 /

시월이 가면 길을 잃어도 하늘이 보인다. 꽃잎들은 떨어져도 좋다. 내면의 시간이 깊어지면, 나뭇잎은 흩어져도 좋다.

울지 않으리! 어머니를 보낸 그대의 시월에도, 소임을 다한 바람은 자유하며, 햇살은 한가롭다. 우리들의 어머니가 떠난 하늘은 깊고도 맑다.

괜찮다, 꽃은 씨알로 맺히고 알뿌리는 겨울이 무엇인지 알 테니...... 아! 시월이 가면, 보이지 않던 것들이 보이고 들리지 않던 것들이 들리나니, 진정 길을 잃어도 좋겠다.

태풍의 추억 /

가진 자의 오만함과 없는 자의 아집이, 꺾이고 쓰러지던 날. 야릇한 설렘으로 근원 모를 하늘을 바라보던 날. 철없던 사랑처럼 온통 뒤집어놓고, 훌연히 떠나버린 그 날......

'산다는 것'이 참 기가 막혀, 도무지 '인간답게 산다는 것'이 뿌리째 뽑혀 떠내려가던 날!

친구보다 염소 /

맹하다, 고집이 세다......
산 그림자 무서워 해 질 녘에 울었다. 대추나무 빙빙 돌아 목메고 있었다. 내 어릴 적 기억 속엔 염소가 또렷하다.
억센 뿔을 잡고 힘 겨루던 그 녀석, 친구보다 염소였다.
지금 생각해 보면 염소가 친구였다.

맹~한 그 녀석 성질은 직진이다.

게으른 수업 /

'비읍 시옷 치읓 히읗'이라 하고 '기우뚱해 기우뚱해'라고 하고, 어떤 녀석은 '섭섭해요'라고 투정까지 하고, 그 소리 다시 들어도 '기우뚱해' 하고, 새들이 조잘대는 언덕에 올라, 그 옛날 한글을 지으신 이 심중에 모셔두고 '기역 니은 디귿 리을' 중얼거립니다.

밤나무 마른 둥치에 '키읔' 자로 붙은 딱따구리 제 머리로 목탁 치는데, 나는 오늘 연둣빛 봄 언덕에 올라 게으른 눈으로 새소리 들으며, 어눌한 귀로 말하고 있네요.

2부 / 길을 걸으며

가을 서정 /

계절은, 화가의 붓끝에서 달아나고, 우리들의 부질없는 혀끝으로 세월은 가고, 낙엽은 갇힌 자의 창살 너머로, 파르르 떨고 있는데……

길을 걸으며 /

나는 오늘도,
아득한 길 위에 서있다.

길은 사람이다, 잊히지 않는 기억들이다.
길을 찾고 나를 잊어버리면, 나를 찾고 길을 잃어버리면 무엇이겠느냐!
수많은 사람들의 길을 걸으며, 지울 수 없는 길을 걸으며……

돌아오는 길은, 미워할 수 없는 사람들이다.

동해에서 /

두 팔 벌려도 모자랄 휘어진 수평선을 바라보면, 나는 늘 '바다다~'라고 했다. 태초의 인간도 처음 바다를 보고, '바다다~'라고 소리치지 않았을까?

가늠할 수 없는 큰 바다 앞에서, 그리곤 아무 말도 하지 못했다.
가끔 파도 소리로 중얼거릴 뿐……

수평선 /

물의 평화는 한 줄의 선으로 그렸습니다. 진리는 이렇게 단순한 거라고, 수평선은 잔잔한 파도 소리로 말하고 있습니다.

내가 바다를 찾는 이유는 거기, 수평선이 있기 때문이지요. 내 캔버스에 담을 수 없는 큰 평화가 거기에 있기 때문입니다.

파도 소리에 잠을 깨는, 아침이 다르기 때문입니다.

수평선 구도 /

자꾸만 찾아다니는 것이다. 바다이든 방파제이든, 그것이 들판이든 아스팔트 길이든, 수평선만 보면 눈길을 두는 것이다. 내 어찌, 수평선 같은 사람을 그리워 하나보다.

어릴 적 어머니에 기대던 버릇이, 이제는 한 줄의 평화 수평선, 그 불변의 진리 언저리에 서성이는 것이다.

수평선의 위로 /

그대를 생각하는 일은, 나를 잊어버리는 일이기도 하지요. 수평선은 막연한 그리움이 아니라, 그대가 머문 지점이었으며, 사색의 끝자락이기도 했습니다.

진정, 슬픈 일이 있다면, 우리에게 '그대'가 사라지는 일입니다. 나에게 그대는 '수평선과 같은 인격체'임을 부정할 수가 없습니다.

깊은 인생 /

누구를 좋아한다는 것은, 그 사람에게서 나를 본 것이다. 진정, 누구를 사랑한다는 것은, 그에게서 나의 아픔을 본 것이다.

삶은 꿈 꾸는 일이며, 아픈 흔적을 지우는 일이기도 하다.

훗 날 /

우리들 인생은 꽃으로 피었다가, 더러는 어둠 속에서 단단하게 영글다가, 어느 날 그 씨알들이 뿔뿔이 흩어지면, 그제야 뒤돌아보며, 아! 인생 이런 거구나, 한다.

어쩌면 푸른 벌레처럼 빨빨 걸어 다니다가, 깊고 은밀한 시간 속에서 다행히 허물을 벗고 나비 되어 자유하다가, 더러는 안개처럼 사라질까, 바람으로 소곤거리며 떠돌아 다닐까, 한다. 가끔은 '한 줄의 시'로 남아, '아픈 영혼의 귓가에 토닥거리는 바람일 수 있을까?' 한다.

산방 편지 /

시월이 떠난 텅 빈 산자락, 찬 바람에 서걱이는 가지 사이로 초롱한 별빛도 서러운지, 낙엽은 온밤을 뒤척입니다.
그나마 마르지 않은 물소리 또렷하고, 타닥거리는 나무 난로와 여린 달빛의 위로에, 이곳 '산방'의 밤은 깊어갑니다.
깊은 산의 고요 속에서 혼자 있다는 것이 무엇인지, 침묵이 무엇인지, 나무들은 아는 듯합니다.

11월은 분명, 영혼의 계절입니다. 비워지면 맑아지는 것을, 진정 비워지면 깊어지는 것을......

11 월 /

그리운 사람들은 멀어져 가고, 가까운 눈빛들은 나를 모른다.
먼, 추억 속의 사람들이 행인들 사이로 지나가고, 무심한 바람은 내 잔잔한 일상을 헝클어 놓았다. 가을은 이렇게 추억을 내려다 놓고, 서둘러 떠나려 하는지, 어찌하여 아름다운 기억들이 더욱 설움으로 되살아나는지, 나에게 말해주지 않았다. 다만 계곡마다, 애틋하고 서러운 빛깔들을 쌓아 놓았다.

가을은 저 맘대로 추억을 내려다 놓고 먼 길을 떠나려 한다. 나는 그 길을 가로막을 수도 그 침묵을 미워할 수도 없다.

녹슨 종탑^을 바라보며 /

너, 무쇠 덩어리! 하늘소리 행여 지금도 잊지 않았다면, 우리들 무딘 심령의 귀를 '뻥' 뚫어지게, 어차피 녹슨 그 몸뚱어리 번쩍하도록, 오늘 한번 소리 질러 주렴, 아련한 기억 속의 종소리로!
잘못 살아온, 우리들 마른 눈물샘이라도 터지도록, 그 쩡쩡한 하늘소리로……

믿을 이 없는 세상에 난 너의 오랜 침묵을 믿는다.

눌미리^가는 길 /

내 가는 길이 언제나 안개였으면 좋겠다. 내 눈은 오직 길 위에 빠져있고, 영혼 또한 세상 벗어 자유롭다. 이렇게 안개 짙은 날은 '토평리'를 지나 '청도천'을 돌아들어, 그 이름도 편안한 '눌미리'로 가보자. 안개는 마을을 지워놓고 전설마저 감추고 있다.

우리 사는 일이 거칠고 험하다 해도, 이렇게 안개 짙은 날은 팔조령 옛길을 생각 없이 넘어보자. '토평리'를 가로질러 강둑길 접어들 때, 헝클어진 세상일은 아득히 잊고 있다. '안갯속을 헤매는 이상함'은 없다. 어차피 오늘은 길이 주인이다.

내 가는 길이, 언제나 안개였으면 좋겠다. 두리번거릴 일이 없다!

아버지 / 민들레 앞에서

당신 얼굴로 눈물 맺히던 것은, 지난날 모진 역사의 설움이 거기 남아, 지금 내 가슴 저미는 아픔인 것을.
흙으로 살아온 당신 손마디는, 청죽처럼 곧은 신념의 못이 박혀, 깊은 회한의 아픔인 것을……

이제는, 민족의 기름진 밭 언저리로 새로운 바람이 불고, 우리들 심령 깊은 곳에도 자존의 씨방을 품어, 당당한 꽃으로 피어날 것을, 설움 없는 꽃으로.

耳鳴 / 이 명

내 어릴 적 과수원을 그리워했더니, 귓속에 온통 매미소리 난다. 차라리 잊고 사는 것이 나을법했다. 그리움도 더러는 병이 되나 보다.

바람 불어 사과 꽃잎 눈처럼 흩날리고, 매미소리 쨍쨍한 여름이 가면, 울타리 사이로 개 짖는 소리, 풋사과 깨물던 사춘기 언덕……

내 어릴 적 과수원을 그리워했더니!

아버지처럼 /

내 아버지처럼 살지 않겠다고 여행을 다녔으며, 어두운 밤길도 걸어보았지요. 아버지에게 여행은 사치였을까요? 언제나 노동이었으며, 나라 걱정뿐이었습니다.

이제는 아버지처럼 살겠다고 노동을 배웠지요. 작은 초막을 짓고 괭이질을 합니다. 땀에 젖은 옷을 벗으니, 하늘이 더욱 깊습니다.

아~,

내 아버지는 민족의 서러움을 잊으려 거친 일을 하셨네요, 영혼의 밭이었습니다. 땅을 가꾸니 넉넉한 하늘이 열립니다. 그 하늘, 참 파랗습니다.

회한 /

힘든 일을 혼자서 감당할 때, 자꾸만 뒤돌아 본 적 있으세요?
내 젊은 날의 아버지의 모습을 떠올리며, 나는 회한에 젖었습니다. 그때는 몰랐습니다, 아버지의 외로운 노동을......

나는 오늘, 태풍에 찢어진 큰 나뭇등걸 앞에서 자꾸만 뒤돌아보았습니다.

고분 앞에서 /

산이고 싶었나 보다. 죽어서도, 그 민둥산이고 싶었나 보다. 까마득한 날 거기, 햇살 반짝이던 언덕에 머물고 싶었나 보다.
죽음이란 진정 어디로 '돌아간다'라는 말인가? 길들여지지 않은 본성이 살아있던, 유년의 그 언덕이란 말인가.

相思花 /

'상사화'를 아시나요? '그리움'은 뻔한 이야기, 지운 세월이 꽃이 되었습니다.

성성한 몸뚱어리, 철없던 여름날을 잊었습니다. 자꾸 부끄러워 잊히길 바랬습니다. 인생은 허영이 아니니까요.
소나기 몰아치던 여름은 가고, 강물처럼 술렁이던 사랑도 가고, 텅 빈자리에 잊힌 기억 위로, 서럽도록 고운 꽃이 피었습니다.

'잊힌 것'은 그리움이 아닌걸, '보이는 것'은 그리움이 아닌걸, 마주할 이 없는 가을 언덕에 바랄 것 없는
꽃이 피었습니다.

그녀^의 자전거길 /

그녀 곁에,
낯선 바람이 비틀거리며 지나간다.
'불안 불안' 하더니,
이제는, 빈 하늘에 안부까지 물으며 달리고 있다.
그녀의 '또 다른 세상'이 열리는 순간이다!
늦은 햇살에 노랑 금계국 때문일까, 경사지는 내려서 끌고서 간다. 먼 곳 어디선가 뻐꾸기 소리, 그녀도 들었을까? 넘어질 듯 멈춰서네. 초록이 어지러운 듯, 길 끝에 머물러 눈을 감고 서있다.
어느새 노을 지는 텅 빈 길 위엔, 무심히 젖어드는 뻐꾸기 소리……

알 수 없는 일 /

"시를 쓰는 일은, 조금 더 바보가 되는 일, 보다 아파하는 일"이라 했던가. 저녁 안개 자욱한 여름 호숫가 썩은 나뭇등걸 인가 했더니, 그토록 오랜 시간을 우두커니 서 있었네, 두루미 한 마리……
저 건너편 낚시하는 아저씨도 그러했네, 온 마을은 잠들어있는데 참으로 모를 일이네!

"시를 쓰는 일은, 모퉁이에서 바라보는 일, 한 걸음 다가서는 일"이라 했던가. 달빛 글썽이는 여름 호숫가 썩은 나뭇등걸 인가, 했더니. 저들이 시인이네, 알 수 없는 저들이 시인이었네!

돌아보는 거기 /

첫눈 오는 날 눈길을 쓸다가, 흐린 안경 너머로 일어서는 붉은 길을 보았다. 시린 가슴으로 다가오는, 지난 추억의 황톳길을 보았다……
첫눈 오는 날 눈길을 쓸다가 돌아보는 거기, 아스라이 되살아나는, 오랜 유년이 있었다.

옛 친구 /

당신이 두고 간 시집 속에는, 맑은 술 내음 묻어있다. 안경 너머로 웃던 그 굳은 악수는, 투박한 질그릇으로 남아있다.
언제일지? 당신 오는 날, 황토로 빚은 질그릇에 맑은 술 담아 부어드리지, 바람 얘기하며 두 손으로 부어드리지, 하늘 얘기하며……

돌은 어디서나 부서지는 것, 흙이 되면 다시 빚어 두리다 단단한 질그릇.

가을날 /

게으른 구름마저 서풍에 밀려나면, 어디선가 아득히 빈 항아리 울리는 소리. 낯선 바람 '휘이 휘이' 휘파람 소리……
한길에서 만난 파~란 바람은, 몰래 따라와 살포시 옷깃에 젖는 하늘!

#
동심^으로 그려 본, 어느 가을날.

이야기 / # 동시

겨우내 언 땅이 사르르 풀리면 피어나는 풀빛 아지랑이, 이랑 따라 걸어가던 봄 이야기 산당화 피듯이 살며시 핀다.

자갈밭 골짜기에 물길 터지라고 먹빛 구름에 하늘 울더니. 강둑 따라 달리던 여름이야기 홍수처럼 밀려와 와르르 핀다.

감나무 가지 꺾어 하늘 열리고 잠자리 온종일 울타리 지켜, 단감 익어가던 가을 이야기 낙엽처럼 한마당 아름아름 핀다.

호호 입김이 창살에 얼면 동구 밖 놀이터 모닥불 피운 곳에, 불길 따라 활활 겨울 이야기 눈꽃으로 내려서 사각사각 핀다.

첫 눈 /

'서른네 살 나이 위에 눈이 내린다!'라고 쓴, 그 여류시인의 나이를 지나, 마흔네 살 내 나이에도 눈이 내렸다. 비탈길을 걸으며 '눈이 오네 첫눈이 온다!'라고, 소리치기도 했다. 지금, 쉰네 살이 지난 내 나이 위에 오늘, 첫눈이 내린다. 나는 '눈이 오네 첫눈이 오네'라고 혼자 중얼거렸다.
온몸을 적시던 나이가 아련하다. 유년 시절 눈 덮인 과수원의 추억이 젖어온다. 차마 눈길을 걷지 못하겠다. 그냥 하얀 기억 속의, 지뚱거리며 눈길을 걸어가던 어린아이의 뒷모습을 보고 싶다.

눈 위를 뒹굴던 까랑까랑한 웃음소리를, 다시 듣고 싶다.

여 행 / 낯선 곳에서

"어디를 가고 싶어요?"라고 물으면, 나는 늘 '낯선 곳'이라고 했다. 그곳에선, 당신도 낯설고 당신 눈에 비친 나도 낯설었으면 좋겠다! 어차피 일상을 떠나온 길 낯선 바람이다, 햇살이다. 길은, 길이 알아서 할 일이다.
'익숙해진다'라는 말은, '설렘을 잃어간다'라는 말이기도 하다!

낯선 곳에서, 나를 찾고 있었다. 떠나온 곳을 그리워하고 있었다.

지우는 일 /

모래 위에 새겨진 숨결 같은 파도의 속삭임! 그 리듬은 도무지 알 수가 없습니다. 오늘도 나는 낯선 바다 모래 언덕에 앉아, 한참을 헤아려보았습니다. 파도는 끊임없이, 사람들의 발자국을 지우려 합니다. 나는 그것이 좋습니다.
더러는 아픈 기억들을 지우려, 또 다른 발자국을 남기기도 합니다.

부드러움 /

누구나 모래언덕에선 비틀거립니다. 가끔은 넘어지기도 합니다. 비틀거리거나, 넘어지거나, 모래 위에선 문제 될 게 없습니다. 그 부드러움이 우리들의 믿음입니다!

그대의 부드러운 목소리가 그립습니다.

#
'캘리포니아' 어느 해안사구에서~

철 지난 바다 /

무슨 일이 있었을까? 텅 빈 바다에, 갈매기도 말이 없다.
게으른 고양이는 햇살에 졸고, 어디선가 희미한 해녀의
숨비소리, 바람 소리...
태풍이 쓸고 간 자리, 지난여름 이야기는 어디에도 없다.

떠나온 바다 /

근원 모를 스티로폼 덩이들, 대막대기와 무슨 전쟁을 치른 건지, 널브러져 있다. 난, 모른척했다. 인적 없는 고요한 바다 어디선가, 아득히 뱃고동 소리인 듯......
손에 든 빈 물병이 휘파람을 불고, 물가에선 달그락거리며 사이다 캔, 텅 빈 소리. 고요는 외로움인 줄, 그들이 알았을까? 바위 언저리엔 작은 고둥 정겨운데, 인간의 흔적들이 소리를 내고 있다.
아~, 하얗게 떠나온 바다. 어찌 그 소리가 위로이더니, 낯선 바다는 멀어져 가고 미운 것들이 그리워지다니!

추포^에 가면 /

그대, 그 바다에 가면 파도 소리 가만히 들어보세요. 시인의 못다 한 말, 심중의 말들이 거기 있을 테니. 서해 바다 섬마을 '추포'를 아세요? 검은 염소 숨어 사는 해안 끝자락, 어쩌다 그 바다에 가면 파도 소리 가만히 들어보세요.

시인은 외로움을 작정한 사람, 그 바다는 알 터이니! 책임질 일 없는 그 바다는, 같은 소리를 반복할 테니...

#

'추포'에서, 조병화 시인의 시 '추억'을 떠올리다.

섬^의 위로 /

외롭지 않으면 섬이 아닌 것을……
작은 섬에서, 나와 섬은 고립감으로 하나가 되었습니다.

다가서면 두렵고 멀어지면 그리운, 알 수 없는 사랑처럼, 잡아주고 품어주면 섬이 아니다. 연륙교로, 출렁다리, 구름다리로, 외로움이 사라지고 그리움이 잊히면, 섬이 아니다.

고립되어 아스라이, 홀로 서지 않으면 섬이 아니다.

코딱지풀 /

'광대나물'이 '진주연'이라 불리는지 몰랐다. '진주연'을 '코딱지풀'이라 부르는 사연을 나는 모른다. 우리들의 이름도 그러할까? 또 다른 나의 이름은 무엇일까……

모를 일이다! 어쩌면 '코딱지풀'이라 불리는지.

생강나무 /

귀로 흔들리는 사람들의 마을에, 눈으로 흔들리는 사람이 살고 있습니다. 사람들은 목소리로 어두워지고 더러는 눈빛으로 밝아지나니, 그대 눈빛 한번 반짝일 때가 언제일지요?

냄새로 알아차리는 사람들의 마을에, 생강나무 노란 꽃도 피었습니다. 그 냄새로 생강이라 하지 않으니, 분별이란 그리 쉽지가 않습니다.
생강나무 잎 하나 따다 들고 선……

침묵의 소리 /

한나절을 투덜거리듯 산비둘기의 목마른 울음과, 직박구리의 거친 지저귐은 '서로 다름을 확인하는 일'이었을까? 산그늘 바위에 앉아 고요와 침묵의 소리에 귀 기울일 때, 짓궂은 까마귀는 '까악까악~' 무슨 대꾸를 하며 날아간다. '아마도 그럴 거라고~'

고요와 침묵의 소리도 소곤거리고 있다. 高尙한 인간의 언어도 그럴 거라고,
그럴 거라고……

유월 /

비둘기의 속 끓는 울음이 욕심으로 들리는 오후. 가난함으로 얻은 자유를 맨발로 걷는 사람들의 흙길, 초여름의 이른 더위가 염려스러운 날들......
'육월'이라 하지 않고 '유월'이라 말하는 당신의 계절!

'가난하다는 것은 하늘을 가진다는 그 말'을 비둘기는 몰랐을까?
방금, 머리 위를 날아간 그 새는...

곱지 않은 시 /

불면의 詩라면 쓰지 않으리라, 말장난 같은 글은 쓰지 않겠다고……
삐딱하게 모호하게, 시 한편 벗어두고 새벽잠이 들었다. 흔들리는 문장은, 육교를 건너다가 계단을 내려서서 지하도 접어들 때, 에스컬레이터 앞에서 머뭇거리다가, 또 다른 계단을 뛰어올라, 거리낌 없는 꿈을 꾸다가... 넘어져도 괜찮아 '시를 쓰는 일!'

3부 / 모르는 깊이

詩를 쓰는 일 /

어린아이를 바라보는 일은 인간의 본성을 이해하는 일이며, 솔직함이 삶의 가장 기본적인 덕목임을 깨닫는 일이기도 하다.

나는 어린아이와 마주할 때면 내 영혼이 소생하는 기분이 든다. 내가 진정 어린아이를 좋아하는 것은, 부단히 질문하는 그들의 특성 때문이다.

시인의 영혼은 어린아이와 닮아 있어야 한다고 믿고 싶다. 시를 쓴다는 것은 서둘러 답을 내리는 일이 아니라, 비틀거리며 부단히 질문하는 진지함의 산물일 것이다.

나의 글들이, 더듬거리며 질문하는 어린아이의 눈빛이기를 꿈꾸고 있다.

글쓰기 /

진정 '글쓰기'가 어려운 것은 부단한 자기부정이며, 자신의 은밀한 속내를 드러내는 일이기 때문일 것이다. "있어도 괜찮을 말을 두는 너그러움 보다, 없어도 좋을 말을 기어이 찾아내어 없애는 신경질이, 글쓰기에선 미덕이 된다."라고 한 '이태준'의 말을 나는 절감한다.
글쓰기는 자기 신뢰가 바탕이 되지만, 끊임없는 자기부정으로 인하여 성숙되는 것이라 믿고 있다. 표현의 절제와 객관화를 부단히 시도해 보는 것이다.

#

작가 이태준 / 1904년 강원도 철원에서 출생, 당대 최고의 문장가. 글쓰기 교본으로 '문장 강화'등이 있음...

프리지어^향기 /

이십 대 초반이었을까? '칠성동' 적산가옥 이층, 삐걱거리는 나무계단......
무슨 '화실'이라고, 작은 나무판이라도 달았을 텐데 전혀 기억에 없다. 어두컴컴한 실내 공간에 적어도 몇 점의 그림이나, 낡은 철제 의자나 어설픈 나무 탁자라도 놓여 있었을 텐데, 내 기억 속엔 텅 비어있다.
내 젊은 날, 그리 많지 않은 기억 속을 뒤적거리며, 들추어 봐도 흔적이 없다. 팔레트와 흐트러진 물감 튜브들이나 어딘가, 베여있을 '테레핀' 내음마저도... 다만, 노란 프리지어 꽃 한 다발, 풋풋한 봄 내음을 담고 있었던 그 기억만, 어두운 실내 공간과 대비되어 또렷하다. 잠시, 꽃다발에 겹쳐지던 소녀의 흐릿한 표정도 금방 사라져 버린다.

아! 내 젊은 날이 이렇게 허술했단 말인가? 어쩌면, 기억의 밑바닥엔 삐걱거리는 소리만 복잡한 내 귀의 구조 속에 요행히 숨어 있었을까? 또한, 냉기 서려있던 환절기의 어두운 공간 탓에 '프리지어'의 독특한 내음과, 명시도 높은 노란색만이 지워지지 않고 어두운 공간을 지키고 있었단 말인가?

    기억이란 어느 편에 서 있는 것일까? 아니면, 내 잠재의식 속에 기억하고 싶지 않은 무엇이 있었기에 나를 애처로이 여겨, 스스로 지워버렸단 말인가? 나는 지금, 남은 기억들을 더듬거리며 우둔한 글로 그려보지만 이 그림은 도무지 완성할 수가 없다.

보이지 않는 것 /

"믿음은 바라는 것들의 실상이요, 보지 못한 것에 대한 증거니..."
'히브리서 11장 1절'의 말은, 아직 이루어지지 않은 것, 보지 못한 것에 대한 신뢰와 희망을 말합니다.
경건함에 사랑이 없다면, 자유에 평화가 없다면 무슨 의미가 있을까요! 통회 없는 신앙을 말할 수는 없습니다.
눈물은 소통과 화해의 통로인 것을......
보이지 않는 것을 믿는다는 것은 참으로 인격적인 만남이거나, '알 수 없는 세계'에 대한 경외심일 것입니다.

#
'블로그'의 이웃 관계를 생각하며, 인간관계, 그 의미와 희망을 성경의 믿음에 관한 글에서 되새겨 보다.

색은 빛의 생채기 /

부서진 유리조각이나 잔물결의 반짝임, 빛의 굴절과 무지개의 빛깔, 구름으로 인하여 더욱 아름다운 노을 등을 생각하면, 어느 화가 신부님의, "색은 빛의 생채기"란 표현을 부정할 수가 없다.
자신의 추상 회화로 그려놓은 창, '스테인드글라스'를 바라보는 노 신부의 눈빛과, 그 깊은 속을 다 알 수는 없지만......
아름다움은 상처로 인한 것임을, 이 기막힌 '아이러니'를 어찌할까?

모르는 깊이 /

바다의 깊이만큼, 나는 바다를 모른다. 산이 높으면 계곡이 깊듯이, 볼 수 없는 바다의 깊이는 우리가 경험한 산의 높이만큼이나 깊을 거라고, 합리적인 추론을 해볼 뿐이다.

나는 자연을 이해할 때, 책을 읽기보다는 직접적인 경험이나 직관에 의존하는 편이다. 다행히 산이 가까운 과수원에서 자란 터라, 산과 들에 자라는 식물들의 생태에 대해서는 비교적 많은 상식을 가지고 있기는 하다.

그러나 삼면이 바다인 좁은 '반도'에 살면서 가보지 못한 '섬'들이 많다는 것은, 참으로 소극적으로 살아온 지난날을 부끄러워할 일이다.

나의 '섬 여행'은, 관광이 아니라 학습행위라고 할 수도 있다. 몇 년 전 처음으로 서해의 '섬'들을 다니면서, '물때'의 의미에 대해서 실감한 적이 있다. '물때'를 모르고 '작은 섬'을 건너간다는 것은, 참으로 어리석고 극히 감성적인 접근이라고 깨달은 바가 있다.

나의 뒤늦은 '검색어'는 '물때'와 '바다의 깊이'였다. 그 이후로 나에게 바다의 의미는 달라졌으며, 다르게 보이기도 했다. 우리들은 바다의 깊이만큼 바다를 모르며, 모르는 만큼 멀리 있는지 모른다.

어쩌면 몰라서, 더욱 용감하게 '무어라' 이름 짓는지도 모를 일이다!

달과 바다 /

바다의 주인은 달인가 보다. 어부들이 음력에 기대어 사는 걸 보면……
나의 섬 여행은, 자연을 배우는 일이다. 피부에 닿는 바람과 햇살의 감촉이나, 몸속을 파고드는 묘한 내음! 그리고 파도에 대하여, 갯 바위나 뻘밭이 품고 있는 생물들에 대하여 가만히 들여다보는 일이다.
어부들이나 바다 생물에게는, 물때가 중요하며 그리 단순하지가 않다. 파도와 물때의 질서, 그 중심에는 달이 있다.
알 수 없는 파도의 리듬은, 달에게 물어볼 일이기도 하다.

본다는 것은 /

'본다는 것은 그린다는 것이다! 평범한 자연을 숭고한 감정으로 그린다.'라고 한 19세기 프랑스 화가 '밀레'의 말은 우리가 무엇에 관심을 두는지, 표현의 대상을 어떻게 바라보는지를 묻는 말이기도 하다.

그 의미는 또한, 관조라는 말과 통하는 말이며, '관조'는 그리스어 '바라본다'라는 의미에서 온 말로, 사물이나 현상을 관찰하거나 '미'를 직접적으로 인식하는 일을 말한다.

'직관'이란 말도 함께 쓸 수 있는 말이며, 화가들에겐 중요한 덕목이다. 직관이란 사유작용이나 판단, 추론 등을 앞세우지 않고, 대상을 직접적으로 인식하는 일이다.

돌이켜보면 '밀레의 말'은 지난날 나의 좌우명 같은 것이었다.

지우는 일 /

지우는 일로 되살아나는 아이러니! 그 모순의 흔적들......
지난날 나의 작업은 그러했다. 캔버스 위, 오일 페인팅이
다. 화가들은 그리는 일과 지우는 일을 수없이 반복하며,
지우는 과정에서 더욱 풍부해지기도 한다.
"삶은 지우는 일, 꿈꾸는 일"이라며 비워두는 일에 익숙하
게 살았다. 작은 공간을 얻어 '빈터 화실'이라 이름 부르
며, 그림에 대한 열망과 텅 빈 아픔을 동시에 품고서...
그리지 않은 것과 지워놓은 것은 다르다. 꿈꾸지 않으면
지울 일도 없으니, '창조적인 삶'이란 지우는 일의 반복이
며 닫힌 문을 여는 일, 부단히 새로운 길을 가는 일이기
도 하다.
이제는, 아득한 길을 떠나와 "담백하게 살아야지"한다. 지
울 일도 지울 것도 별로 없는데, 내 속에서 자꾸만 걸어
라 한다. 삶의 회한인가, 가지 않은 길에 대한 미련일까?
장마 지나고 햇살이 쨍쨍하면, 다시 비가 그리워질 것이다.

\#

빈터 화실 / 대학 시절, 폐결핵 치료 중 호숫가 화실에서 지냈다.

자연스러움^의 가치 /

자연은 오랜 세월 스스로를 지키며, 인위적으로 할 수 없는 차원의 '조화로움'을 유지해왔다. 또한, 부단히 새로움을 만들어내기도 한다. 자연! 그 자연스러움의 가치는 무한하다. 그러나 이 나라의 '무모한 사람들'은 기능주의, 편의주의에 사로잡혀 '자연 그대로의 가치'를 여지없이 밀어내고 있다. 반도의 해안선을 따라 형성된 자연의 아름다움은, 해가 갈수록 생뚱맞은 조형물 등으로 훼손되고 있다. 자연은 아름다움의 교과서이며, 그 기준이기도 하다. 오히려 비바람이 인간의 난개발을 가로막으며, 자연 그대로의 회복을 부단히 시도하고 있는지도 모를 일이다. 추억 속의 소박한 그림들이 사라짐은, 분명 안타까운 일이다. '부'하여 '천박함'보다는, 가난해도 '소박한' 나라에 살고 싶지 않은가?

넉넉한 '바다'는 가끔, 천둥처럼 소리치고 있다! '지난여름'의 그 소리가 아련히 들리는 듯하다. 철 지난 바다 텅 빈 방파제에 앉아, 그래도 오늘은 따사로운 햇살과 잔잔한 바람이 있어 행복하다고, 혼자서 중얼거렸다.

예술의 본질 /

예술은, 자기 길을 가는 것이다. 자기주도적인 창조의 본성을 찾는 일이다. 인류의 행복이 아니라, 관념이나 상식에 붙잡혀있는 것이 아니라 '갈팡질팡'하는 개인의 삶이며, 그 진정성이다.

'베르나르 뷔페'는 "우리는 인류의 행복을 위해 글을 쓰겠다고 결심하지 않는다. 이와 정반대로, 우리는 정처를 잃고 헤매고 있다. 미술이 세상을 즐겁게 할 필요는 없다"라고 했다.

이 말은 예술가에 대한 다소 실망스럽고 충격적인 표현일 수도 있겠지만, '예술의 본질'을 꿰뚫는 중요한 말이기도 하다.

\#

베르나르 뷔페 / 1928년, 프랑스 파리 출생의 화가. 20세에 크리티크상을 수상.
날카로운 직선의 인물화로 대전 후의 불안을 표현하다.

영혼의 계절 /

무늬만 그리는 화가가 있다. 우리는 그것을 '표면주의'라고 할 수도 있다. 텅 빈 광장, 축제가 끝나면, 나무들도 어느덧 옷을 벗는다. '표면'에 충실하던 시간은 가고, 침묵으로 열리는 '내면'의 세계가 깊어진다. 나는 이 계절을 기다려 왔으며 '영혼의 계절'이라 불렀다. 서리가 내인 후 눈으로 보던 계절의 빛깔이 흐려질 때, 비로소 자연과 인간은 내면의 심장소리를 듣는다.

화려한 치장과, 무늬를 그리던 사람들이 떠난 자리, 철 지난 바다를, 산 기슭 서걱거리는 낙엽 소리를 나는 사랑한다. 고급스러운 카키색과 회색, 가끔 빛바랜 갈색 사이로, 숨어있는 '초록'의 은밀한 희망을 또한 알기 때문이다. 언제부터인가 조급한 사람들은, 그 무늬로 인하여 '본질'을 잊어버렸다. 종교라, 예술이라 할 수가 없다!

11월의 첫날, 빈 가지에 텅 빈 하늘이 아름답다. 하늘을 본다는 것은, 보다 근원적인 '잊어버린 본질'을 찾는 일이기도 하다.

작품 감상 /

자신의 눈을 믿고 직관에 의존하라. 작품이, 나에게 무슨 말을 하는지, 기다려라. 지식이나 잡다한 정보는, 오히려 감상을 방해한다.
현대미술의 거장 '자코메티'는 "아는 것을 그리지 않고 보는 것을 그린다."라고 했다. 작가나 감상자나, 자기주도적인 용기가 필요하다. 문제는 바라보는 태도에 있다.
진정한 작품은, 평가의 대상이 아니라 마주 보는 대상이다. 어린아이처럼 바라볼 필요가 있다.

#

알베르토 자코메티 / 1901년. 스위스 출생의 조각가, 화가. 가늘고 긴 인체화나 조각상은 고뇌의 이미지를 담고 있다. 큐비즘, 초현실주의 운동에 참여하기도...

위로의 말 /

순수미술을 하는 사람에게는 '아름답다'라는 말을 쉽게 할 수 없는 부담이 있기도 하다. 그것은 예술의 본질을 잊지 않으려고 하는 사명감에서 비롯된 것일 수도 있다.
자연을 감각적인 아름다움의 대상으로만 바라보지 않고, 자신의 예술관에 의해 직관하고 창의적으로 재현하려는 습관 때문일 수도 있다.
나는 언젠가 '순수미술 해서 미안하다'라고, 현실적인 어려움을 고백한 젊은 화가의 '블로그'에 올린 글에 대하여 위로의 마음을 전하고 싶었다. 나의 화가로서의 지난날을 회상하며...
그 '미안하다'라는 말은 힘겨운 자신을 스스로 위로하는 말일 수도 있고, 가족이나 염려하는 주변 사람에 대한 말일 수도 있겠지만, 그러나 나는 "순수미술 해서 미안한 거 맞아요!"라고 댓글을 남기고 말았다. 마치, 나 자신에 대한 고백처럼......

순기능 /

본래 목적한 대로 작용하는 기능을 '순기능'이라 하지요.
블로그에 올린 글에 대한 무성의한 공감이나 댓글로 인해
'공감' 또는 '댓글 창'을 닫아버리는 이웃들이 늘어나고 있
다. 나 역시 그러한 생각을 하지 않은 건 아니지만, 지금
까지 그냥 열어 둔 것은,
우선 내가 감당해야 할 이웃이 그리 많지 않고, 가끔 이
루어지는 답글에 대한 부담이 있다면, 그것이 최소한의
예의 또는 짧고 의미 있는 문장으로 답하는 훈련도, 나쁘
지 않으리라 생각했기 때문이다.
또한 '이웃'이나 '공감'의 수는 단순히 숫자의 문제가 아니
라 생각하며, 한 사람의 유의미한 메시지를 귀하게 생각
하기 때문이기도 하다.
어쩌면 '블로그'의 이웃은, 차선의 인간관계 이거나 사회
적 인간관계의 마지막 단계 일 수도 있겠다 싶기도 하
고...

한 사람의 의미는 크다! 우리들은 블로그와 공감, 댓글의 순기능을 잊지 말아야 할 것이다. 솔직한 공감 또는 댓글은 감사할 일이며, 가끔 댓글의 답글에도 하트♡로 확인하는 이웃의 사소한 배려가, 어찌 그리 따뜻한지…
어쩌면 이것이 '블로그'를 유지하는 마지막 이유인지 모르겠다.

#

이 글은 '인간관계 늘 어렵다!'라는 블로그의 귀한 이웃 '블루민트'님의 글에 대한 공감에서 비롯된 글이기도 합니다.

시적 언어 /

차가 산길을 돌아들 무렵, 아내는 "우와! 난장판이다."라고 했다. 그러고는 가방에서 무언가, 부스럭거리며 끄집어내고 있었다. 그 순간 나의 '시적 영감'은 달아나는 듯......
아내와 나의 표현방식은 언제나 조금씩 달랐다. 나는 그것을 '이과'와 '문과'의 차이라고 말하곤 했었다. 며칠 전인가? 비 오고 바람 불더니, 산길에는 온갖 종류의 낙엽들이 뒤엉켜있어, 길인지 계곡인지 혼란스럽긴 했다. 그래도 평소 차분하던 아내의 표현이, 조금은 의외라는 생각이 들었다. 나는 한참을 생각했지만 그 이상의 표현이나 '시적 언어'를 찾아내지 못했다. 그러고는 "아! 맞아요, 난장판이네요."라고 공감하고 말았다. 얼마 후, 차에서 내린 아내는 도토리를 줍고 있었다. 차 안에서, 부스럭대며 끄집어낸 비닐봉지를 손에 쥐고서...
그렇다! 온갖 색들을 쏟아부은 듯, 엄청난 '가을의 숲' 속에서 그냥 '예쁘다'거나 '아름답다'라는 표현은 어울리지가 않았다. 오늘은 분명, 가을이 저지른 '난장판'이었다.

詩의 마음 /

시인의 눈으로 사물을 바라보는 일은 참으로 귀한 일입니다. 하지만 억지스러운 표현이나 지나친 은유는, 혼란스러울 뿐입니다. 나는 '어린아이 일기'같은 글이 좋습니다. 어쩌면 지식이나 관념이 시적 언어를, 더욱 혼란스럽게도 합니다. '시'는 진정 영혼의 문제이기 때문입니다.

시를 쓰는 일은, 매듭을 푸는 일이거나 막힌 담을 허무는 일이라 생각했습니다. 또한, 삶이나 사물에 대한 질문이며, 사랑하는 일이라 믿고 있습니다.

울림이 있다는 것은, 감정의 공간이 떨고 있다는 말이기도 하지요. 그 '감정의 공간'을 우리는 '마음'이라 합니다. 그러니 '시의 마음'은 감정의 공간을 두드리는 울림이며 떨림을 의미하는 것입니다.

死角 지대 /

나는 먼 길을 나설 때 누구나 그러하듯 '네비~'의 도움을 받는다. 대체로 네 가지의 선택지 중, '거리 우선'이나 '무료 우선'을 참고해서 선택하는 편이다.
그것은 목적지의 의미 못지않게 과정을 중요시하는 취향 때문이기도 하지만, 신호등이나 차선 카메라 등으로부터 벗어나고 싶은 것이다.
우리는 얼마나 오랜 세월을, 이 딱딱하고 부자유스러운 도시의 불행한 질서에 길들여져 살았던가!
내가 선택한 길들의 특징은 행정구역의 경계지역들이 많아, 비교적 난개발이 미치지 않았다는 점이다.
이러한 사각지대는 분명, 보다 자연스럽고 정서적이며 낯선 느낌으로, 여행의 의미를 더욱 깊게 하였다.
나는 사각지대를 무사히 돌아서 목적지에 도착하면, 친절한 나의 '네비~양'에게 수고했다는 말을 잊지 않았다.

터무니없는 일 /

'터무니없다'라는 말은 '터에 무늬가 없다'는 말인가요? 그러니, 길을 찾을 수가 없습니다. 산허리를 잘라 길을 만들고 산을 뒤덮어 아파트를 지었으니, 작은 개울은 여지없이 사라졌습니다. 같은 길을 몇 바퀴 돌고 나니, '네비~'양도, 한동안 말이 없습니다. 도무지 '터'에 무늬가 없어졌습니다.

내가 자란 '과수원'은 산을 끼고 있었습니다. 뒷산에 오르면 마을이 한눈에 내려다보이고, 마을 앞엔 시냇물이 반짝거렸지요. 건너편엔 넓은 들이, 꿈처럼 펼쳐져 있었어요. 강둑 저만치엔 허술한 방앗간이, 버드나무와 함께 언제나 거기에 있었습니다. 그 터에 맞는 무늬가 또렷하게 있었다는 말이기도 합니다.

까마득한 '옛이야기'입니다. 그러나 지금도 나는, 산이나 강이 없는 동네에선 자주 길을 헤매는 편입니다. 심리적인 불안감도 있고요. 아직도 '촌놈'이란 소리를 들어야겠죠? 하지만, 우리의 선조들은 '터의 무늬'를 거스르지 않았던 것 같아요. 정신없이 달려온 우리의 산업화, 도시화는 어쩌면, 터무니없는 일들이기도 합니다.

그, 빈정거림 /

말씨, 말투, 표준말, 빈정거림과 우격다짐……
아집과 반목의 정치, 언론, 종교인, 그리고 우리들의 말씨!
그 '말'에는, 내용의 본질이나 진정성이 중요하겠지만, 그것 못지않게 말씨나 말투의 중요성을 간과해서는 안 될 것이다.
우리가 꽃을 사랑하고 더러는, 반려동물에 집착하고 자연 속에 묻히고자 하는 것이, 어쩌면 이 시대의 반목과 아집으로 인한 단절의 아픔은 아닐까? 나는 언젠가, 서울의 고궁에서 새로 개방된 후원을 돌며, '문화해설사'의 부드럽고 절도 있는 '서울 말씨'에 감동한 적이 있다. 우리의 표준말이, 이렇게 아름다울까 하고...
그러나, 돌이켜 비교해 보면 방언의 우격다짐은 얼마나 천박한지, 또한 표준말의 빈정거림은 얼마나 얄미운지! 투박하고 정겨운 말씨가 천박함이 되고, 품격 있고 세련된 말씨가 얄미워진다면, 참으로 슬픈 일이 아닌가!

언어는 상상력이다 /

관계의 방식은 시대에 따라 조금씩 달라지기 마련이겠지만, 인간관계에서 가장 중요시되는 것은 주고받는 말일 것이다. 과거 물질이 귀한 시대에는, 자그마한 물품들이 정을 나누는 수단이었다. 더러는 카드나 편지를 주고받기도 했지만, 대체로는 소박하고 은근한 방식이었다.
언어는 상상력이다. 우리들의 불행은, 관념이나 불안정한 언어에 매달려 살기 때문이다. 시적 상상력은, 언어를 아름답게 할 뿐 아니라, 소통의 원리가 되기도 한다.
'때에 맞는 말이 얼마나 아름다운지...'

#

사람은 그 입의 대답으로 말미암아 기쁨을 얻나니, 때에 맞는 말이 얼마나 아름다운지..."/ 잠언 15장에서

誤解의 그림자 /

사물의 단면만 보고 인식하는 사람들의 사회에는 어디서나, 오해의 그림자가 있다. 나의 어두운 기억 속엔 '완벽한 오해'로 우울해하던 날들이 있었다. 더구나 회복할 기회조차 갖지 못했다면, 슬픈 일이 아닐 수 없다.
요즈음 나는 내 머리를 쓰다듬으며 '좋은 기억만 하자' 가슴을 다독이며 '그래도 따뜻한 마음을 잃지 말아야지…'라며 스스로 위로하고 있다.
우리들의 말과 글이 타인의 오해를 불러내지 않게 객관화해보는 습관이 무엇보다 중요할 것이며, 언어 선택에 있어서 마땅히 신중해야 할 것이다.
때로는 농담이나 시적인 은유가 오해를 불러오기도 한다. 말 한마디로 사람을 얻기도 하지만 오랜 인간관계를 잃기도 하며, 오해를 회복하는 일이 그리 쉽지가 않다. 하지만 방법이 있다면 솔직함 일 것이다. 또한, 그 고백을 받아주는 인격이 우리들 인생을 따뜻하게 할 것이라 믿는다.

봄비와 할미꽃 /

비 오는 날, 할미꽃을 다시 찾은 이유는 '슬픈 기억'이라는 꽃말 때문이기도 합니다.
야생에서 할미꽃을 볼 수 있는 곳은, 대체로 오래된 무덤가입니다. 원뿌리를 깊게 내리는 숙근초인 할미꽃은, 토심이 깊어야 하며, 양지바른 곳이어야 합니다. 무덤의 특성상, 양지바르고 토심이 깊으며, 비교적 훼손되지 않는 장점을 가지고 있으니, 할미꽃의 생존에는 최적의 환경이겠지요.
나는, 비에 젖은 꽃 앞에서 씨앗을 품으려는 할미꽃의 모성을 보았습니다. 보여주는 일보다, 간직하려는 할미꽃의 소박한 모양새와, 그 꿈을 본 것입니다.
고개 숙여 할미꽃, 무덤가라서 '슬픈 기억'이라면 유감입니다!
꽃의 이름이나 꽃말은, 너무나 일방적인 사람들의 시선인 듯합니다.
어쩌면, 관념이나 선입견 없는 직관의 시선이, 또 다른 아름다움을 발견하게 될 것입니다.

미치광이풀^ /

어쩌면 '독'이란 하나의 색깔이며, 벼랑 끝에 선 한 생명의 눈물겨운 존재 방식일 수도 있겠다.
나는 가끔, 오래전 깊은 숲에서 만난, 그 풀꽃을 생각한다. 지금도 그곳에서 '피고 지고' 할까?
독이 있어 그 이름이 '미치광이풀'이라니, 꽃은 그저 풀꽃일 뿐이다. '홀로 독'이든 '독할 독'이든 모두가 외로움인 것을......
독이 없는 생명이 어디 있으랴, 품을수록 외로워짐을 어찌할까! 나는 아직도, 작고 흔하지 않은 그 꽃의 빛깔을 잊지 못한다.
내 속에도, 나를 지키려는 애처로운 독은 없을까, 아집은 없을까?

둥지의 조직 /

'가는 것이 이리저리 뒤섞이어 얽힌 모양'을 '얼기설기'라고 한다. 내가 본 '둥지'가 바로 그러했다.

시인 '이동순'은 그의 시 '새알'에서, "새가 날아간 자리에 가보니 풀잎을 촘촘히 엮어 만든 둥지 안에 두 개의 알이 있었다. 아, 푸르스름한 그것은 내가 세상에서 맨 처음 보는, 가장 애틋하고 눈물겨운 빛깔이었다."라고 했다. 참으로 공감하는 글이다.

은밀한 나뭇가지 사이에 둥지를 트는 작은 새들은 얼마나 설레고 두근거릴까? 수없는 반복의 애처로운 노동이 아니겠는가!

나는 그 '둥지의 조직'에 놀라지 않을 수 없다. 그들이 지닌 원초적인 패턴이 있는듯하다. 단순히 '얼기설기'가 아니라, 기묘한 구조가 놀랍다! 우리나라 텃새의 소박함이 그들의 집에서도 묻어난다.

'바우어 새'의 둥지와 설치작업을 생각하면, 예술은 인간만의 것이 아닌 듯도 하다.

그 눈빛 / 어느 유기견^에게 보내는 편지 -

꽃잎 풀풀 날리던 날, 너의 초점 흐린 눈빛과 방향 잃은 걸음걸이를 나는 잊을 수가 없네!

어느 분의 신고로 '보호 시설'에서 너를 데려가기까지, 나는 '상당 마을' 언저리에서 몇 차례 너와 마주치며, 너의 무표정한 눈빛이 무얼 말하는지 알아차렸지. 그런 나 자신에게 놀라기도 했단다.

사람이나 짐승이나, 어쩌면 모든 생명체에 대한 책임은 길들여놓은 자에게 있다는 것은, '어린 왕자'에게 한 여우의 말이 아니더라도 알 수가 있지......

버려진 개, '유기견'이란 말을 차마 나는 할 수가 없다네. '반려동물'이란 표현도 할 수가 없네.

다만 나는, 그 눈빛의 아픈 언어를 잊지 못하고 있다네. 그날 이후 너의 행적에 대해 짐작할 수는 있지만, 나는 너에게 미안한 마음을 전하고 싶어. '나'라도 거두지 못한 사정을 알아줬으면 좋겠어.

그 녀석 / 애견 카페를 지나며 -

휘파람 소리에 갇혀있는 녀석이 반가이 달려온다. 혀를 내밀며 웃는 듯하다. 울타리까지 와서는 갑자기 되돌아서더니, 주섬주섬 돌 하나 물고와 내밀고 있다. 울타리 틈 사이로, 머리를 돌려가며 나에게 전하려 애쓴다.
순간, 나는 생각했다. 내가 갇힌 것인지, 그 녀석인지?
어쩌다 놀이의 상대가 된 나는 어이없이 웃고 있었다.
아! 반려견 이라더니......
그 녀석은 내가 다시 던져준 돌을 입으로 받고 말았다.
그 소리에 놀란 나는 "미안해, 미안해"를 반복하며 돌아서는데, 녀석의 눈망울이 늦은 밤 가로등 불빛에 반짝였다.
나는 속으로 중얼거렸다 "다리가 짧아, 쳐다볼 일이 많겠다, 귀가 커서 말귀도 잘 알아듣겠다..."

그 녀석도, 돌아서는 나의 눈빛을 보았을까? 며칠 후 알게 되었지만, 그 녀석 '웰시 코기'란다.

福祉 사각지대 /

폐지 줍는 사람들의 시선은 행인들보다 폐지에 쏠려있다.
어쩌면 우리들이 그들의 사각지대에 서 있는지도 모를 일이다.
생존의 벼랑 끝에서 무언가에 집중하고 포기하지 않는 그들의 삶의 태도에 나는 경건함을 느끼며, 잡다하게 버려진 것들을 수거하고 정리해 주는 그들의 손길을 보면, 늘 미안하고 감사한 마음이 든다.
나는 가끔, 그들의 사각지대에서 벗어나 따뜻한 대화로 다가서기도 한다.
그들이 보다 밝고 당당하게 살아가기를 진정으로 바라고 있다.

#
수년간 '블로그'에 쌓인 글들을 선별하여 '에세이'로 담았으니 가볍게 볼 수 있는, 문장이 짧고 간결한 메시지의 글이 되다.

모를 일 /

모처럼, 서울 나들이에 큰 딸애 집에 머무르며, 서울숲 남산 길을 두루 다니다가, 오늘은 손자 녀석과 한나절을 놀았다.
어미가 퇴근할 무렵, 아내는 이모집에서 놀던 아이를 데리고 현관문을 나서며, "할아버지! 놀아줘서 고마워요. 해야지"라며 세 살짜리 손자에게 인사를 시켰다. 그런데 이 녀석은, 끙끙거리며 혼자서 신발을 신고 나서 돌아서더니, 계집애처럼 여린 목소리로 "할아버지! 내일 또 놀아줄게..." 하며 손을 흔든다. 아! 이게 뭐지......
나의 알 수 없는 한나절을 생각하며, 나는 집으로 내려오는 기차 안에서, 지난 시간들의 의미에 대해서, 생각에 젖어있었다. 나는 할아버지와 놀아준 그 '꼬맹이'의 어이없던 말을 부정할 수가 없었다.

소통의 방식 /

"할아버지였어요?......"
또박또박 조심스러워하는 전화 속의 목소리는, 여자아이의 음성으로 들렸다. 뭔가 잘못되었다는 듯, 조금은 당황스러워하는 어투 때문일까, 나는 손자임을 바로 알아차리지는 못했다. 처음 있는 일이기도 하고......
밤 열시쯤이었던가, 딸아이 이름의 전화가 온 것이다. "그래, '서호'였구나! 어떻게 전화를 했어?" 나의 질문에, "할아버지! 할아버지는 저의 엄마의 아빠잖아요, 저는 저의 아빠에게 전화를 하려고 했는데..."
나는 "아이 이뻐라!" 하고서는 딸아이를 바꾸어 몇 마디 안부를 주고받은 후 전화를 끊었다.
사위가 가끔 야근이 있다는 걸 나는 이미 알고 있던 터이다.
여섯 살 남자아이의 침착하고 반듯한 서울 말씨가 예쁘기도 하지만, 내가 더욱 예쁘게 생각하는 것은 어린아이가 표현하려 한 '언어의 객관화'에 대한 태도에 있었다.

어찌 한마디도 틀림이 없이 글로 쓰듯이 표현을 할까?
짐작해 보면 손자는 딸아이의 폰에 '아빠'라고 저장된 번호로 의심 없이 전화를 한 것이다.

나는 어린아이와의 소통이 더 쉽고 즐겁다고 느낄 때가 많다. 그것은 어린아이의 솔직함 때문이기도 하겠지만, 그 '소통의 방식'에 있다고 생각된다.

글쓰기나 말을 잘한다는 것은 수식의 화려함보다는 바르게 표현하려는 그 태도에서 비롯될 것이며, 주관의 설득력은 언어의 객관화'에서 그 힘을 얻을 것이다.

우리들의 일상 속에서 지레짐작이나 선입견, 또한 잡다한 지식과 정보가 오히려, 소통을 가로막거나 혼란스럽게 하고 있지나 않은지 되돌아볼 일이다.

너희들... /

아이와 함께하는 아침 식탁에 모처럼 '쑥국'이 차려졌지요. 아이는 쑥 향이 부담스러웠나 봅니다. 음식이 입안에서 맴돌고 있습니다. 평소, 가리지 않고 잘 먹는 편이라, 할머니는 건강한 음식이라고 권하고 있습니다.
나는 어릴 적 기억을 더듬어보며, 쑥국을 처음 먹어보는 아이에겐 그럴 수 있겠다 싶었습니다.
잠시 후, 아이는 느닷없이 "너희들도 어릴 때는 쑥국을 싫어했잖아!" 그 '너희들'의 대상은 이 녀석의 이모와 할머니와 할아버지입니다.
'너희들'이란 표현이 밉지는 않았지만 어이없고, 뜻밖이라 "너희들, 너희들도..."라고 따라 했더니 이제는 "어른들도 어릴 때는..."이라고 고쳐 말합니다. 이제 네 살인 아이의 '쑥국'에 대한 반응이나 '너희들'이란 말은 참으로 솔직하고 정확한 표현입니다. 나는 어린아이의 말과 행동을 보며, 어른들의 편견과 우격다짐에 대하여 생각해 보았습니다.
가끔, 오이 향을 싫어하는 사람이나 채식만을 고집하는 사람들의 취향도 당연히 존중할 일입니다. 그 개성과 솔직함이 또한 건강한 사회의 바탕일 거라고 나는 믿고 있습니다.

엉뚱한 곳이에요! /

며칠째, 어린아이는 먼 곳을 가자고 했다. 목적지도 없이 "멀리요, 더 멀리요!" 했다. 꼬맹이가 무슨 그리움이나 호기심이 많아 자꾸만 '멀리'라고만 할까? 어제는 아파트 뒷길을, 나무계단이 있는 오솔길을 걸었다. 아이는 발걸음을 늦추지 않았다.

오늘은, 차를 타고 어디론가 가고 있다. 목적지가 없다는 점에서 나의 생각은 꼬맹이와 일치했다. 공원이나 미술관도 아닌, 그냥 낯설고 조용한 도로가 이끄는 대로, 또한 서울의 독특한 이미지가 살아있는 길이라면 하고, 나는 혼자 생각했다.

아이는 의심 없이 "이리로 가요, 저리로 가요!" 했지만, 나는 그 말을 무시하지 않았다. 오히려 그러한 거침없는 조잘거림이 든든하기까지 했다. 차는 어느덧 '파리'의 지하철이 연상되는 '남산 2호 터널'을 지나 '녹사평'과 '삼각지'등 낯선 이름의 표지판을 보며 '용산'에서 '공덕오거리'를 지나 '마포'의 어느 한적한 뒷골목에 멈추었다.

"멀리요, 먼 곳에 가요." 하던 아이는 조금 실망한 듯 "여기는 엉뚱한 곳이에요!"라고 했다. 나는 '우락부락 염소'를 만나러 왔다고 둘러대며, 함께 읽은 동화로 관심을 돌리려 했다. 아이의 막연한 그리움과 나의 엉뚱한 기대가 멈춘 그곳에서 우리는 가져온 과일을 나누고 있었다.

그 그리움은 어쩌면 '엄마'였을까? 궁금했지만, 아이에게 물어보지는 않았다. 왠지 그럴 거라는 생각을 떨칠 수는 없었다. 돌아오는 길은... '서소문로'와 '소공동'을 지나왔다. 돌이켜보니 목적지가 없는 도심의 묘한 사잇길을 돌아본 하루였다.

손바느질 /

빛바랜 인생도 훌러덩 뒤집어 살면 안 될까……
모처럼 아침부터 흐리고 조금씩 비가 내려, 오늘은 집에서 바느질이나 할까, 생각했다. 편하게 입을 남방셔츠들이 마땅치 않아 빛바랜 옷을 뒤집어 입어보기로 했다. 단추나 주머니를 바꾸어 달면 될 일이다. 물론 시접의 마감처리가 깔끔한 옷이라야 가능하며, 단추나 단춧구멍의 좌우가 바뀔 테니, 조금 어색하고 불편한 건 사실이다.
오래전에 잠시 '아트 퀼트'에 빠진 적이 있는 나는, 손바느질을 부담스러워하지 않았으며, 언제인가 옷의 찢어진 부분에 라벨을 옮겨 붙이거나 해어진 옷깃을 뒤집어 박아 입어본 적이 있다.
아내는 나를 지나치며 자꾸 웃지만, 나는 사뭇 진지하게, 한편으론 즐기고 있었다.
빛바래고 해어진 우리들 인생도, 이렇게 훌러덩 뒤집어 살면 안 될까? 좌우가 뒤바뀐 단추 같은 불편한 습관쯤이야, 다시 길들이면 될 터이니...
오늘은 왠지 내 마음이 富 하다.

시 집
비는 초록^을 두드리며 /

초판1쇄 발행 / 2024년 7월 31일

지은이 / 박병용
blog.naver.com/seohyangchomak

펴낸곳 / 미래기획
주　소 / 대구광역시 중구 명륜로21길 43-5 / 053-424-4401
출판등록 / 제2020-000026호

ISBN 979-11-973915-3-8 (03800)